Pl. 9.

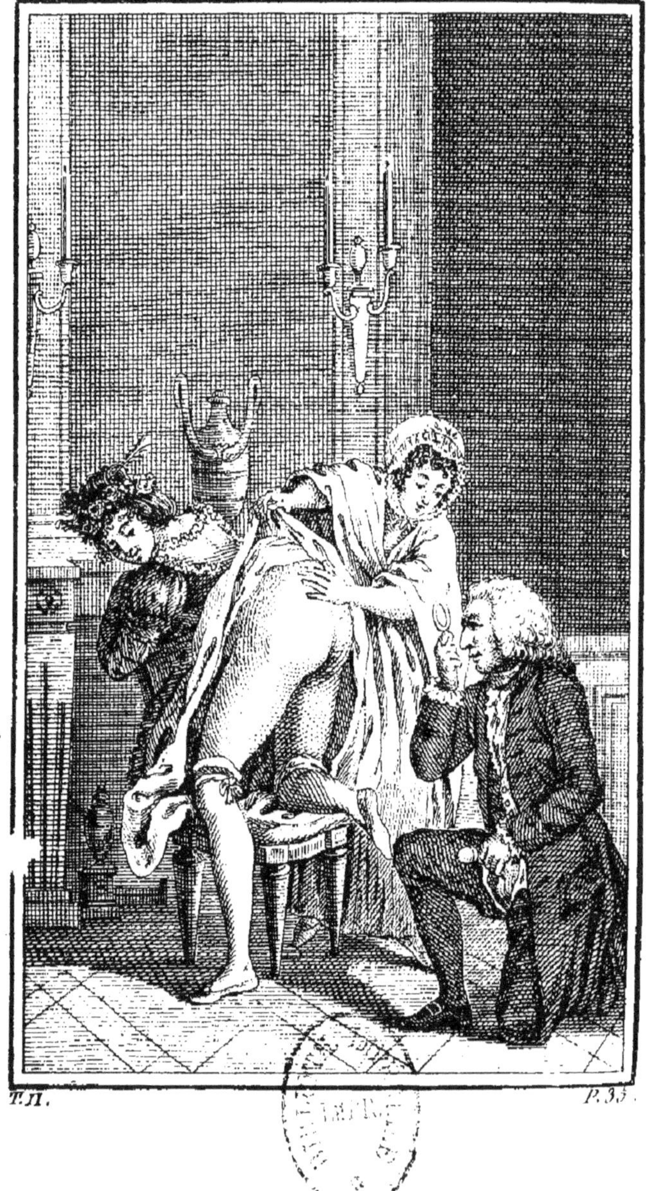

T.II.
P.35.

THÉRÈSE PHILOSOPHE,

OU

MÉMOIRES

Pour servir à l'Histoire de D. DIRRAG *et de Mademoiselle* ERADICE.

NOUVELLE ÉDITION.

TOME DEUXIÈME.

A LONDRES.

M. DCCC.

THÉRÈSE

PHILOSOPHE,

OU

MÉMOIRES

Pour servir à l'Histoire de D. Dirrag *et de mademoiselle* Eradice.

———

Est-il rien de si absurde, continua l'Abbé T....., que de faire prier Dieu pour soi par des Prêtres, par des Moines, par d'autres personnes ? On juge de Dieu comme on juge des Rois.

Quel excès de folie de croire que Dieu nous a fait naître pour que nous ne fassions que ce qui est contre nature, que ce qui peut nous rendre malheureux dans ce monde, en exigeant que nous nous refusions tout ce qui satisfait les sens, les appétits qu'il nous a donnés ! Que pourroit faire de plus un tyran acharné à nous persécuter depuis l'instant de notre naissance jusqu'à celui de notre mort?

Pour être parfait Chrétien, il faut être ignorant, encore aveuglément, renoncer à tous les plaisirs, aux honneurs, aux richesses; abandonner ses parens, ses amis; garder sa virginité; en un mot, faire tout ce qui est contraire à la Nature. Cependant cette Nature n'opère sûrement que par la volonté de Dieu. Quelle contrariété la Religion suppose dans un Être infiniment juste et bon!

Puisque Dieu est le Créateur et le maître de toutes choses, nous devons les employer toutes à l'usage pour lequel il les a faites, et nous en servir suivant la fin qu'il s'est proposée en les créant, autant que par la raison: par les sentimens extérieurs qu'il nous a donnés, nous pouvons connoître son dessein et son but, et les concilier avec l'intérêt de la société établie parmi les hommes, dans les pays que nous habitons.

L'homme n'est pas fait pour être oisif; il faut qu'il s'occupe à quelque chose qui ait pour but son avantage particulier , concilié avec le bien général. Dieu n'a pas voulu seulement le bon—heur de quelques particuliers; il veut le bon—heur de tous. Nous devons donc nous rendre mutuellement tous les services possibles , pourvu que ces services ne détruisent pas quel—ques branches de la société établie : c'est ce dernier point qui doit diriger nos actions. En conservant dans ce que nous faisons , notre état, nous remplissons tous nos devoirs; le reste n'est que chimère, qu'illusion, que préjugé.

Toutes les religions, sans en excepter aucune, sont les ouvrages des hommes ; il n'y en a a point qui n'ait eu ses martyrs , ses prétendus miracles. Que prouvent de plus les nôtres que ceux des autres Religions ?

Les Religions ont d'abord été établies par la crainte : le tonnerre, les orages , les fruits, les grains qui nourrissoient les premiers hommes répandus sur la surface de la terre; leur im—puissance à parer ces événemens , les obligea à avoir recours aux prières envers ce qu'ils re-connoissent être plus puissant qu'eux , et qu'ils croyoient disposé à les tourmenter. Par

la suite, des hommes ambitieux, de vastes génies , de grands politiques , nés dans différens
siècles, dans diverses régions, ont tiré parti de
la crédulité des peuples, ont annoncé des Dieux
souvent bizarres, fantasques, tyrans; ont établi
des cultes , ont entrepris de former des sociétés
dont ils pussent devenir les chefs , les législa-
teurs : ils ont reconnu que, pour maintenir ces
sociétés , il étoit nécessaire que chacun de leurs
membres sacrifiât ses passions, ses plaisirs particuliers , au bonheur de tous les autres. De-là
la nécessité de faire envisager un équivalent de
récompense à espérer et de peines à craindre,
qui déterminassent à faire ces sacrifices.

Ces politiques imaginèrent donc les Religions.
Toutes promettent des récompenses et annon-
cent des peines qui engagent une grande partie
des hommes à résister au penchant naturel qu'ils
ont de s'approprier le bien, la femme, la fille
d'autrui ; de se venger, de médire, de noircir
la réputation de son prochain , afin de rendre
la sienne plus saillante. L'honneur fut associé
par la suite aux Religions. Cet être aussi chimé-
rique qu'elles, aussi utile au bonheur des socié-

tés et à celui de chaque particulier, fut imaginé pour contenir dans les mêmes bornes, et par les mêmes principes, un certain nombre d'autres hommes.

Il y a un Dieu, créateur et moteur de tout ce qui existe, n'en doutons point : nous faisons partie de ce tout, et nous n'agissons qu'en conséquence des premiers principes du mouvement que Dieu lui a donné. Tout est combiné et nécessaire, rien n'est produit par le hasard. Trois dés poussés par un joueur, doivent infailliblement donner tel ou tel point, eu égard à l'arrangement des dés dans son cornet, à la force et au mouvement donné. Le coup de dé est le tableau de toutes les actions de notre vie. Un dé en pousse un autre auquel il imprime un mouvement nécessaire ; et de mouvemens en mouvemens, il résulte physiquement un tel point. De même l'homme, par son premier mouvement, par sa première action, est déterminé invinciblement à une seconde, à une troisième, etc.

Car, dire que l'homme veut une chose, parce qu'il la veut, ce n'est rien dire, c'est supposer que le néant produit un effet. Il est évident que c'est un motif, une raison qui le détermine à vouloir cette chose; et de raisons en raisons, qui sont déterminées les unes par les autres, la volonté de l'homme est invinciblement nécessitée de faire telles ou telles actions pendant tout le cours de sa vie, dont la fin est celle du coup de dé.

Aimons Dieu, non pas qu'il l'exige de nous, mais parce qu'il est souverainement bon, et ne craignons que les hommes et leurs lois. Respectons ces lois, parce qu'elles sont nécessaires au bien public, dont chacun de nous fait partie.

Voilà, Madame, ajouta l'abbé T..., ce que mon amitié pour vous m'a arraché sur le chapitre des Religions. C'est le fruit de vingt années de travail, de veilles et de méditations, pendant lesquelles j'ai cherché de bonne foi à distinguer la vérité du mensonge.

Concluons donc, ma chère amie, que les plaisirs que nous goûtons, vous et moi, sont innocens, puisqu'ils ne blessent ni Dieu, ni les hommes, par le secret et la décence que nous mettons dans notre conduite. Sans ces deux conditions, je conviens que nous causerions du scandale, et que nous serions criminels envers la société : notre exemple pourroit séduire de jeunes cœurs destinés par leurs familles , par leur naissance, à des emplois utiles au bien public , dont ils négligeroient peut-être de se charger, pour ne suivre que le torrent des plaisirs.

Mais, répliqua madame C...., si nos plaisirs sont innocens, comme je le conçois présentement, pourquoi au contraire ne pas instruire tout le monde de la manière d'en goûter du même genre ? Pourquoi ne pas communiquer le fruit que vous avez tiré de vos méditations métaphysiques, à nos amis , à nos concitoyens ; puisque rien ne pourroit contribuer plus à leur tranquillité et à leur bonheur ? Ne m'avez-vous pas dit cent fois qu'il n'y a pas de plus grand plaisir que celui de faire des heureux ?

Je vous ai dit vrai, Madame, reprit l'abbé T..; mais gardons-nous bien de révéler aux sots des vérités qu'ils ne sentiroient pas ; elles ne doivent être connues que des gens qui savent penser ;

et dont les passions sont tellement en équilibre entr'elles, qu'ils ne sont subjugués par aucune. Cette espèce d'hommes et de femmes est très-rare : de cent mille personnes , il n'y en a pas vingt qui s'accoutument à penser , et de ces vingt, à peine en trouverez-vous quatre qui pensent en effet par elles-mêmes, ou qui ne soient pas emportées par quelque passion dominante. De-là il faut être extrêmement circonspect sur le genre de vérités que nous avons examinées aujourd'hui.

Comme peu de personnes aperçoivent la nécessité qu'il y a de s'occuper du bonheur de ses voisins pour s'assurer de celui que l'on cherche soi-même , on doit donner à peu de personnes des preuves claires de l'insuffisance des Religions , qui ne laissent pas de faire agir et de retenir un grand nombre d'hommes dans leurs devoirs , et dans l'observation des règles qui, dans le fond , ne sont utiles qu'au bien de la société , sous le voile de la Religion , par la crainte des peines et l'epoir des récompenses éternelles qu'elle leur annonce. Ce sont cette crainte et cet espoir qui guident les foibles :

le nombre en est grand. Ce sont l'honneur, les lois humaines, l'intérêt public qui guident les gens qui pensent : le nombre en est, en vérité, bien petit.

Dès que M. l'abbé T.... eut cessé de parler, madame C... le remercia dans des termes qui marquoient toute sa satisfaction. Tu es adorable, mon cher ami, lui dit-elle en lui sautant au cou. Que je me trouve heureuse de connoître, d'aimer un homme qui pense aussi sainement que toi ! Sois assuré que je n'abuserai jamais de ta confiance, et que je suivrai exactement la solidité de tes principes.

Après quelques baisers qui furent encore donnés de part et d'autre, et qui m'ennuyèrent beaucoup à cause de la situation gênante où j'étois, mon pieux directeur et sa prosélyte descendirent dans la salle où l'on avoit coutume de s'assembler. Je gagnai vitement ma chambre où je m'enfermai. Un instant après on vint m'appeler de la part de mad. C... Je lui fis dire que je n'avois pas dormi de toute la nuit, et que je la priois de me laisser reposer encore quelques heures. J'employai ce temps à mettre par écrit tout ce que je venois d'entendre.

Nos jours s'écouloient dans cette campagne, en témoignages réciproques d'amitié, lorsque ma mère vint subitement un matin, m'annoncer que notre voyage de Paris étoit fixé pour le lendemain. Nous dinâmes encore, ma mère et moi, chez l'aimable madame C..,, que je quittai en versant un torrent de larmes. Cette femme admirable, peut-être unique en son espèce, m'accabla de caresses et me donna les conseils les plus sages, sans y mêler des petitesses accablantes et inutiles. M. l'abbé T... étoit allé dans une ville voisine où il devoit passer huit jours. Je ne le vis point. Nous retournâmes coucher à Volnot : tout étoit préparé pour notre voyage. Nous nous mîmes le lendemain dans une chaise, qui nous voitura jusqu'à Lyon, d'où la diligence nous conduisit à Paris.

J'ai dit que ma mère s'étoit déterminée à faire ce voyage, parce qu'il lui étoit dû une somme considérable par un marchand de sa connoissance, et que du paiement de cette somme dépendoit toute notre fortune. D'autre part, ma mère étoit endetté, son commerce languissoit. Avant de partir de Volnot, elle avoit laissé toutes ses affaires entre les mains d'un avocat son parent, qui acheva de les perdre. Ma mère apprit que tout étoit saisi chez elle, le même jour, que pour comble d'infortune, on vint lui annoncer que son débiteur de Paris, obéré et pressé trop vivement par une multitude de créanciers, venoit de faire une banqueroute frauduleuse et complette. On ne résiste pas à tant de chagrins à-la-fois ; ma pauvre mère y succomba ; une fièvre maligne l'emporta en huit jours.

Me voilà donc au milieu de Paris, livrée à moi-même, sans parens, sans amis, jolie, à ce qu'on me disoit, instruite à bien des égards, mais sans connoissance des usages du monde.

Ma mère, avant de mourir, m'avoit remis une bourse, dans laquelle je trouvois quatre cents louis d'or : étant d'ailleurs assez bien en linge et en habits, je me crus riche. Mon premier mouvement fut cependant de me jeter dans un monastère , et de me faire religieuse ; mais les réflexions que je fis sur ce que j'avois souffert autrefois dans un pareil gîte, jointes aux conseils d'une dame , ma voisine, avec qui j'avois ébauché un commencement de connoissance , me détournèrent de ce fatal dessein.

Cette dame, qui se nommoit Bois-Laurier, avoit un appartement à côté de celui que j'occupois dans un hôtel garni. Elle eut la complaisance de ne me presque point quitter pendant le premier mois qui suivit la mort de ma mère, et je lui dois une reconnoissance éternelle des soins qu'elle se donna pour soulager les afflictions dont j'étois accablée. Madame Bois-Laurier étoit, comme vous l'avez su, de ces femmes que la nécessité avoit contrainte, pendant sa jeunesse, de servir au soulagement de l'incontinence du public libertin, et qui, à l'exemple de tant d'autres , jouoit alors incognito le rôle d'honnête femme , à l'aide d'une rente viagère qu'elle s'étoit assurée de l'épargne de ses premiers travaux.

Cependant l'affliction qui me dévoroit fit

place aux réflexions. L'avenir me fit peur : je m'en ouvris à mon amie : je lui confie l'état de mes finances , et ce que j'envisageois d'affreux dans ma situation. Elle avoit un esprit solide et affermi par l'expérience.

Que vous êtes peu sage , me dit-elle un matin , de vous inquiéter aussi vivement d'un avenir qui n'est pas plus certain pour les plus riches que pour les plus pauvres , et qui doit vous paroître moins critique qu'à un autre ! Est-ce qu'avec du mérite, une taille, une mine comme celle que vous portez là , une fille est jamais embarrassée pour peu qu'elle y joigne de prudence et de conduite ? Non, mademoiselle, ne vous inquiétez point ; je vous trouverai ce qu'il faut , peut-être même un bon mari ; car il me paroît que votre manie est de vouloir tâter du Sacrement. Hélas ! ma pauvre enfant, vous ne connoissez guère la juste valeur de ce que vous désirez là ! Enfin , laissez-moi faire ; une femme de quarante ans , qui a l'expérience d'une de cinquante , sait ce qui convient à une fille comme vous. Je vous servirai de mère , ajouta-t-elle , et de chaperon pour paroître dans le monde; dès aujourd'hui je vous présenterai à mon oncle B..., qui doit venir me voir; c'est un riche financier, un honnête homme, qui vous trouvera bientôt un bon parti.

Je sautai au cou de Bois-Laurier, que je remerciai de tout mon cœur, et j'avoue de bonne foi que le ton d'assurance avec lequel elle me parloit, me persuada que ma fortune étoit certaine.

Qu'une fille sans expérience avec beaucoup d'amour-propre est sotte! les leçons de M. l'abbé T... m'avoient bien dessillé les yeux sur le rôle que nous devons jouer ici—bas, eu égard à Dieu et aux lois des hommes; mais je n'avois aucune espèce de connoissance de l'usage du monde.

Tout ce que je voyois, ce qu'on me disoit, me paroissoit rempli de la probité que j'avois trouvée dans madame C... et dans l'abbé T..., et je croyois Dirrag seul un méchant homme. Pauvre innocente! que je me trompois grossièrement!

Le financier B... arriva chez madame Bois-

Laurier vers les cinq heures du soir. On employa sans doute les premiers quarts-d'heures de cette visite à toute autre chose qu'à s'entretenir de moi. La nièce étoit trop fine pour ne pas mettre l'oncle dans un état de tranquillité qui ne lui laissât rien à redouter de l'effet de mes charmes qu'elle disoit être dangereux. La besogne fut longue. Vers les sept heures, je fus présentée à M. B... à qui je fis en entrant une profonde révérence sans qu'il daignât se lever. Il me fit asseoir cependant sur une chaise, à côté d'un fauteuil dans lequel il étoit à demi-couché, poussant un gros ventre en avant, qui n'étoit couvert que de sa chemise, et il me reçut avec l'air et les manières de la plupart des gens de son état : tout m'en parut néanmoins admirable, jusqu'aux louanges qu'il donna à la fermeté de ma cuisse, sur laquelle il appuya brutalement sa main en serrant de toute sa force, au point de me faire jeter un cri.

Ma nièce m'a parlé de vous, me dit-il, sans faire attention à la douleur qu'il m'avoit causée : comment diable ! vous avez des yeux, des dents, une cuisse dure. Oh ! nous ferons quelque chose de vous. Dès demain , je vous fais dîner avec un de mes confrères, qui a de l'or plein cette chambre : je connois son humeur; il sera d'abord amoureux ; ménagez-le : je vous réponds que c'est un bon vivant, dont vous serez contente. Adieu, mes chers enfans , ajouta-t-il en se levant et boutonnant sa veste ; embrassez-moi toutes deux , et regardez-moi comme votre père. Toi, ma nièce, envoie dire à ma petite maison , qu'on nous y prépare à dîner.

Aussitôt que notre financier fut sorti , madame Bois-Laurier me témoigna combien elle étoit charmée qu'il m'eût trouvée de son goût. C'est un homme sans façon, me dit-elle, un cœur excellent et un ami essentiel. Laissez-moi faire : j'ai pris pour vous une sincère amitié ; suivez seulement mes conseils, surtout ne faites pas la bégueule, et je réponds de votre fortune.

Je soupai avec mon nouveau Mentor, qui sonda adroitement quelle étoit ma façon de penser et la conduite que j'avois tenue jusqu'alors.

Son épanchement de cœur pour moi excita le mien. Je jasai plus que je ne voulois. On fût d'abord alarmé d'apprendre que je n'avois pas eu d'amans ; mais on se rassura dès qu'on fut persuadé , par des réponses qu'on m'arracha finement, que je connoissois la valeur des plaisirs de l'amour , et que j'en avois tiré un honnête parti. La Bois-Laurier me baisa , me caressa : elle fit tout ce qu'elle put pour m'engager à coucher avec elle. Je la remerciai , et je rentrai chez moi , l'esprit très-occupé de la bonne fortune qui m'attendoit.

Les Parisiennes sont vives et caressantes. Dès le lendemain matin , mon obligeante voisine vint me proposer de me friser, de me servir de femme-de-chambre, de faire ma toilette ; mais le deuil de ma mère m'empêcha d'accepter ses offres , et je restai dans mon petit bonnet de nuit. La curieuse Bois-Laurier me fit mille polissonneries, et parcourut tous mes charmes, des yeux et de la main , en me donnant une chemise qu'elle voulut me passer elle-même : mais, coquine ! me dit-elle par réflexion , je crois que tu prends la chemise sans avoir fait la toilette à ton minon : où est donc ton bidet ?

Je ne sais, en vérité, lui répondis-je, ce que vous voulez me dire avec votre BIDET. — Comment, dit-elle, point de bidet ? garde-toi bien de te vanter jamais d'avoir manqué d'un meuble aussi nécessaire à une fille du bon air, que sa propre chemise. Pour aujourd'hui je veux bien te prêter le mien ; mais demain, sans plus tarder, songe à l'emplette d'un bidet. Celui de la Bois-Laurier fut donc apporté, elle me campa dessus, et malgré tout ce que je pus dire et faire, cette femme officieuse, tout en riant comme une folle, lava elle-même abondamment ce qu'elle nommoit mon MINON. L'eau de lavande ne lui fut pas épargnée. Que je soupçonnois peu la fête qui lui étoit préparée, et le motif de cet exact LAVABO !

Vers midi, un honnête fiacre nous conduisit à la petite maison de M. B..., où il nous attendoit avec M. R..., son confrère et son ami. Celui-ci étoit un homme de trente-huit à quarante ans, d'une figure assez passable, richement habillé, affectant de montrer tour à tour ses tabatières, ses étuis, jouant l'homme d'importance. Il daigna néanmoins s'approcher de moi : et me considérant attentivement face à face : Elle est parbleu jolie ! s'écria-t-il ; d'honneur, elle est charmante, et je veux en faire ma petite femme. Oh ! monsieur, vous me faites bien de l'honneur, répliquai-je ; et si... Non, non, reprit-il, ne vous embarrassez de rien, j'arrangerai tout cela de façon que vous serez contente.

On annonça qu'on étoit servi ; on se mit à table. La Bois-Laurier, qui connoissoit le jargon, les propos usités dans ces sortes de repas, y fut charmante. Elle eut beau m'agacer, j'étois totalement déplacée, je ne disois mot, ou, si je parlois, c'étoit dans des termes qui parurent si maussades aux deux financiers, que la première vivacité de R... se perdoit : il me regardoit avec des yeux qui annonçoient l'idée qu'il concevoit de mon esprit : on ne paroît en avoir qu'avec les personnes qui pensent et qui agissent comme nous. Cependant quelques verres de vin de Champagne réparèrent bientôt dans l'imagination de R... les torts que la stérilité de ma conversation y avoit faits. Il devint plus pressant et moi plus docile. Son air d'aisance m'en imposa : ses mains larronnesses voltigeoient partout ; et la crainte de manquer à des égards que je croyois d'usage , m'empêchoit d'oser lui en imposer sérieusement. Je me croyois d'autant plus autorisée à laisser aller les choses leur train, que je voyois sur un sopha, à l'autre bout de la salle , M. B.... parcourant encore un peu plus cavalièrement les appas de Madame sa nièce. Enfin je me défendis si mal des petites entreprises de R..., qu'il ne douta plus de réussir, s'il en tentoit de plus sérieuses. Il me proposa de passer sur le lit de repos qui faisoit face au sopha. Je le veux bien, lui dis-je bonnement ; je pense que nous serons mieux, et je crains que vous ne vous fatiguiez trop dans la situation où vous êtes là , à mes genoux. (Il venoit en effet de s'y mettre.) Aussitôt il se lève et me porte sur le petit lit.

Dans ce moment je m'aperçus que M. B... et sa nièce sortoient de l'appartement : je voulois me relever pour les suivre ; mais l'entreprenant R... me disant, en quatre mots, qu'il m'aimoit à la folie , et qu'il vouloit faire ma fortune , avoit troussé d'une main ma chemise jusqu'à la ceinture , et de l'autre sortoit de sa culotte un membre roide et nerveux ; son genou étoit passé entre mes cuisses, qu'il ouvroit le plus qui lui étoit possible , et il se disposoit à assouvir sa brutalité ; lorsque , portant les yeux sur le monstre dont j'étois menacée, je reconnus qu'il avoit à-peu-près la même physionomie que le goupillon dont le père Dirrag se servoit pour chasser l'esprit immonde du corps de ses pénitentes.

Je me souvins alors de tout le danger que M. l'abbé T... m'avoit fait envisager dans la nature de l'opération dont j'étois menacée. Ma docilité se changea sur-le-champ en fureur ; je saisis le redoutable R... à la cravatte , et, les bras tendus, je le tins dans une posture qui le mit hors d'état de prendre celle qu'il s'étoit proposé. Tandis que toute mon attention étoit fixée, de peur de surprise, sur la tête de l'en—nemi dont je craignois l'enfilure , j'appelai de toutes mes forces à mon secours , mad. Bois—

Laurier, qui, de moitié ou non dans les projets de R...., ne put se dispenser d'accourir et de blâmer son procédé.

Furieuse de l'affront que je venois de recevoir de la part de R..., j'étois au moment de lui arracher les yeux ; je lui reprochois sa témérité dans les termes les plus vifs ; M. B... avoit joint la Bois-Laurier ; tous deux ne retenoient qu'avec peine les efforts que je faisois pour leur échapper et tomber sur R..., lorsque celui-ci , après avoir remis tranquillement le meuble critique dans son gîte, rompit tout-à-coup le silence par un éclat de rire désordonné.

Parbleu, la petite provinciale, dit-il, en affectant le mauvais plaisant , convenez que je vous ai fait grand'peur : vous avez donc cru sérieusement que je voulois...? Oh ! la singulière chose qu'une fille de province qui n'a pas le soupçon de l'usage du monde ! Imagine-toi, mon cher B..... continua-t-il , que j'ai couché Mademoiselle sur le lit , j'ai *levé ses* jupes, je lui ai montré mon....; la petite bégueule ne s'est-elle pas imaginée qu'il y avoit quelque chose d'irrégulier dans ce procédé ? Elle a fait du lutin , vous êtes venus , voilà toute l'histoire qui met ce bel enfant dans les convulsions que vous voyez ; n'y a-t-il pas là de quoi mourir de rire , ajouta-t-il en redoublaut ses éclats ? Mais , la Bois-Laurier , reprit-il toup-à-coup, avec un grand sérieux, je vous prie de ne plus me mettre avec de pareilles sottes ; je ne suis point fait pour être maître d'école , ni professeur de civilité ; et vous ferez fort bien d'apprendre à vivre à Mademoiselle, avant de la présenter à la compagnie des gens comme B.... et moi.

Les bras, je vous l'avoue, m'étoient tombés pendant cette singulière harangue. J'écoutois R..., la bouche béante ; je le regardois avec des yeux hébétés , et je ne disois mot.

B... disparut avec R..., sans que, pour ainsi dire , je m'en aperçusse, et je restai comme une stupide entre les bras de la Bois-Laurier, qui marmottoit aussi entre ses dents certains petits mots qui visoient à me faire entendre que je ne laissois pas d'avoir quelques torts. Nous

montâmes dans notre fiacre , et nous retour—
nâmes chez nous.

Je ne résistai pas long-temps à l'agitation de
mes sens. En arrivant je versai un torrent de
larmes. Ma chaste compagne , qui n'étoit pas
tranquille sur les idées qui me resteroient de
mon aventure , ne me quitta point ; elle cher—
cha à me persuader que les hommes étoient
toujours curieux de sonder jusqu'à quel point
une fille, qu'ils ont en vue d'épouser, connoît
les plaisirs de l'amour. La conclusion de ce
raisonnement fut que la prudence auroit dû
m'engager à affecter plus d'ignorance , et
qu'elle voyoit avec chagrin que ma vivacité
m'avoit peut-être fait manquer ma fortune.

Je lui répondis, avec feu, que je n'étois pas
assez peu instruite pour ignorer ce que l'indigne
R... vouloit faire de moi. J'ajoutai assez sè—
chement que la plus haute fortune ne me
tenteroit jamais à ce prix-là. Emportée par
mon imagination , je lui contai ensuite ce que
j'avois vu du père Dirrag et de mademoiselle
Eradice , les leçons que j'avois reçues à ce
sujet de M. l'abbé T..... et de madame C.....

Enfin , de propos en propos , la rusée Bois-Laurier sut tirer de moi toute mon histoire. Ce détail la fit changer de ton ; si je lui avois paru peu instruite des manières, des usages du monde, elle ne fût pas peu surprise de mes lumières dans la morale , la métaphysique et la religion.

La Bois-Laurier a le cœur excellent. Que je suis enchantée, me dit-elle en m'embrassant étroitement, de connoître une fille telle que toi. Tu viens de me dessiller les yeux sur des mys-tères qui faisoient tout le malheur de ma vie : les réflexions que je ne cessois de faire sur ma conduite passée, en troubloit le repos. Hélas ! qui est-ce qui devoit plus appréhender que moi les châtimens dont on nous menace pour des crimes que tu m'as démontrés être in-volontaires ? Le commencement de ma vie a été un tissu d'horreurs ; mais, quoi qu'il en coûte à mon amour-propre , je te dois con-fidence , leçon pour leçon.

Écoute donc, ma chère Thérèse , le récit de mes aventures, en t'instruisant des caprices des hommes, qu'il est bon que tu connoisses, pour contribuer aussi à te confirmer qu'en effet le vice et la vertu dépendent du tempérament et de l'éducation. Et tout de suite cette femme commença ainsi son Histoire.

———————

HISTOIRE

DE MADAME

BOIS-LAURIER.

Tu vois en moi, ma chère Thérèse , un être singulier. Je ne suis ni homme, ni femme , ni fille, ni veuve, ni mariée. J'ai été une libertine de profession, et je suis encore pucelle. Sur un pareil début, tu me prends sans doute pour une folle ; un peu de patience, je te prie, tu sauras le nom de l'énigme. La Nature, capricieuse à mon égard, a semé d'obstacles insurmontables la route des plaisirs qui font passer une fille de son état à celui de femme : une membrane nerveuse en ferme l'avenue avec assez d'exactitude, pour que le trait le plus délié que l'amour ait jamais eu dans son carquois, n'ait pu atteindre le but ; et ce qui te surprendra davantage, on

n'a jamais pu me déterminer à subir l'opération qui pouvoit me rendre habile aux plaisirs , quoique , pour vaincre ma répugnance ,
on me citât à chaque instant l'exemple d'une
infinité de filles qui , dans le même cas , s'é-
toient soumises à cette épreuve.

Destinée, dès ma plus tendre enfance, à l'état
de courtisane , ce défaut, qui sembloit devoir
être l'écueil de ma fortune dans ce honteux
métier , en a été au contraire le principal mobile. Tu comprends donc que, lorsque je t'ai dit
que mes aventures t'instruiroient des caprices
des hommes , je n'ai pas entendu parler des
différentes attitudes que la volupté leur fait
varier , pour ainsi dire , à l'infini , dans leurs
embrassemens réels avec les femmes : toutes
les nuances des attitudes galantes ont été traitées
avec tant d'énergie par le célèbre Pierre Arétin,
qui vivoit dans le quinzième siècle , qu'il n'en
reste rien à dire aujourd'hui. Il n'est donc question, dans ce que j'ai à t'apprendre, que de ces
goûts de fantaisie, de ces complaisances bizarres
que quantité d'hommes exigent de nous, et qui,
par prédilection ou par certain défaut de con-

formation , leur tiennent lieu d'une jouissance parfaite. J'entre présentement en matière.

Je n'ai jamais connu mon père ni ma mère. Une femme de Paris , nommé la Lefort, logée bourgeoisement, chez laquelle j'avois été élevée comme étant sa fille , me tira un jour mysté-rieurement en particulier, pour me dire ce que tu vas entendre. (J'avais alors quinze ans.)

« Vous n'êtes point ma fille, me dit madame
» Lefort, il est temps que je vous instruise de
» votre état. A l'âge de six ans , vous étiez
» égarée dans les rues de Paris, je vous ai re-
» tirée chez moi , nourrie et entretenue chari-
» tablement jusqu'à ce jour, sans avoir jamais
» pu découvrir quels sont vos parens, quelque
» soins que je me sois donnés pour cela.

» Vous avez dû vous apercevoir que je ne
» suis pas riche, quoique je n'aie rien négligé
» pour votre éducation. C'est à vous présente-
» ment à être vous-même l'instrument de votre
» fortune. Voici, ajouta-t-elle, ce qui me reste
» à vous proposer pour y parvenir. Vous êtes
» bien faite , jolie, plus formée que ne l'est
» ordinairement une fille de votre âge. M. le

» Président de ***, mon protecteur et mon
» voisin, est amoureux de vous ; il s'est déter-
» miné à vous faire plaisir, et à vous entretenir
» honnêtement, pourvu que, de votre part,
« vous ayez pour lui les complaisances qu'il
« exigera de vous. Voyez, Manon, ce que
» vous voulez que je lui dise ; mais je ne
» dois pas vous taire que si vous n'acceptez
» pas, sans restriction, les offres qu'il m'a
• chargée de vous faire, il faut vous détermi-
» ner à quitter ma maison dès aujourd'hui ;
» parce que je suis hors d'état de vous nourrir
» et de vous habiller plus long-temps. »

Cette confidence accablante, et la conclusion de madame Lefort qui l'accompagnoit,
me glaça d'effroi. J'eus recours aux larmes.
Point de quartier ; il fallut me décider. Après
quelques explications préliminaires, je promis
de faire tout ce qu'on exigeroit, au moyen de
quoi madame Lefort m'assura qu'elle me con-
serveroit toujours les soins et le doux nom de
mère.

Le lendemain matin, elle m'instruisit amplement des devoirs de l'état que j'allois em-

brasser, et des procédés particuliers qu'il con-
venoit que j'eusse avec M. le Président, ensuite
elle me fit mettre toute nue, me lava le corps
du haut en bas, me frisa, me coëffa, et me
revêtit d'habits beaucoup plus propres que
ceux que j'avois coutume de porter.

A quatre heures après-midi nous fûmes introduite chez M. le Président. C'étoit un
homme grand, sec, dont le visage jaune et ridé
étoit enfoui dans une longue et ample per-
ruque quarré. Ce respectable personnage,
après nous avoir fait asseoir, dit gravement, en
adressant la parole à ma mère : Voilà donc la
petite personne en question ? Elle est assez
bien : je vous ai toujours dit qu'elle avoit des
dispositions à devenir jolie et bien faite, et jusqu'à présent, ce n'est pas de l'argent mal em-
ployé ; mais vous êtes sûre qu'elle a son pucelage, ajouta-t-il ? Voyons un peu, madame
Lefort. Ma bonne mère me fit asseoir sur le
bord d'un lit ; et me couchant renversée sur le
ventre, elle releva ma chemise, et se disposoit à
m'ouvrir les cuisses, lorsque M. le Président
lui dit d'un ton brusque : Eh ! ce n'est pas cela,

Madame ; les femmes ont toujours la manie de montrer les devants ; Eh ! non , faites tourner…. Ah ! Monseigneur, je vous demande pardon, s'écria ma mère : je croyois que vous vouliez voir…Çà, levez-vous, Manon, me dit-elle, mettez un genou sur cette chaise, et inclinez le corps le plus que vous pourrez.

Moi , comme une victime , les yeux baissés , je fis ce qu'on me prescrivoit. Ma digne mère me troussa dans cette attitude jusqu'aux hanches ; et M. le Président s'étant approché, je sentis qu'elle ouvroit les lèvres de mon…, entre lesquelles Monseigneur tentoit d'introduire le doigt, en tâchant, mais en vain de pénétrer. Cela est fort bien , dit-il à ma mère, je suis content ; je vois qu'elle est sûrement pucelle. Présentement faites la tenir ferme dans l'attitude où elle est : occupez-vous à lui donner quelques petits coups de votre main sur les fesses. Cet arrêt fut exécuté. Un profond silence succéda. Ma mère soutenoit de la main gauche mes jupes et ma chemise élevées , tandis qu'elle me fessoit légèrement de la droite. Curieuse de voir ce qui se passoit de la part du Président,

je tournai tant soit peu la tête, je l'aperçus posté
à deux pas de mon derrière, un genou en terre,
tenant d'une main sa lorgnette braquée sur
mon postérieur, et de l'autre secouant entre
ses cuisses quelque chose de noir et de flas—
que , que tous ses efforts ne pouvoient faire
guinder.

Je ne sais s'il finit ou non sa beogne ; mais
après un quart-d'heure d'une attitude que je
ne pouvois plus supporter, Monseigneur se leva
et gagna son fauteuil, en vacillant sur ses vieil—
les jambes étiques. Il donna à ma mère une
bourse, dans laquelle il lui dit qu'elle trouve—
roit les cent louis promis ; et après m'avoir ho—
norée d'un baiser sur la joue, il m'annonça
qu'il auroit soin que rien ne me manquât , si
j'étois sage, et qu'il me feroit avertir lorsqu'il
auroit besoin de moi.

Dès que nous fûmes rentrées au logis, ma
mère et moi, continua mad. Bois-Laurier, je
fis d'aussi sérieuses réflexions sur ce que j'avois
appris et vu depuis vingt-quatre heures, que
celles que vous fîtes ensuite de la fustigation
d'Eradice , par le père Dirrag. Je me rappe—

lois tout ce qui s'étoit dit et fait dans la maison de mad. Lefort depuis mon enfance, et je rassemblois mes idées pour en tirer quelque conclusion raisonnable, lorsque ma mère rentra et mit fin à mes rêveries.

Je n'ai plus rien à te cacher, ma chère Manon, me dit-elle en m'embrassant, puisque te voilà associée aux devoirs d'un métier que j'exerce avec quelque distinction depuis vingt ans. Ecoute donc attentivement ce que j'ai encore à te dire ; et par ta docilité à suivre mes conseils, mets-toi en état de réparer le tort que te fait le Président. C'est par ses ordres, continua ma mère, que je t'ai enlevée il y a huit ans. Il m'a payé depuis, une pension très-modique, que j'ai bien employée, et au-delà, pour ton éducation. Il m'avoit promis de donner à chacune cent louis, lorsque ton âge lui permettroit de prendre ton pucelage ; mais si ce vieux paillard a compté sans son hôte, si son vieil outil rouillé et usé le met hors d'état de tenter cette aventure, est-ce notre faute ? Cependant il ne m'a donné que les cent louis qui me regardent ; mais ne t'inquiète pas, ma chère Manon, je t'en ferai gagner bien d'autres. Tu es jeune, jolie, point connue ; je vais, pour te faire plaisir, employer cette somme à te nipper ; et si tu veux te laisser conduire, je te ferai faire, à toi seule, le profit que fesoient ci-devant dix ou douze Demoiselles de mes amies.

Après mille autres propos de cette espèce, à travers lesquels j'aperçus que ma bonne maman débutoit par s'approprier les cent louis donnés par le Président ; les conditions de notre traité furent qu'elle commenceroit par m'avancer cet argent, qu'elle retireroit sur le produit de mes premiers travaux journaliers, et qu'ensuite nous partagerions les profits de la société.

La Lefort avoit un fonds inépuisable de bonnes connoissances dans Paris. En moins de six semaines, je fus présentée à plus de vingt de de ses amis, qui échouèrent successivement au projet de recueillir les prémices de ma virginité. Heureusement que par le bon ordre que mad. Lefort tenoit dans la conduite de ses affaires, elle avoit soin de se faire payer d'avance

Tome II.

les plaisirs d'un travail qui étoit impraticable.
Je crus même un jour qu'un gros Docteur en
Sorbonne, qui s'obstinoit à vouloir gagner les
dix louis qu'il avoit financés, y mourroit à la
peine, ou qu'il me désenchanteroit.

Ces vingt athlètes furent suivis de plus de
cinq cents autres. Le Clergé, l'Epée, la Robe
et la Finance me placèrent tour à tour dans les
attitudes les plus recherchées : soins inutiles ;
le sacrifice se faisoit à la porte du temple, ou
bien la pointe du couteau s'émoussant, la victime ne pouvoit être immolée.

La solidité de mon pucelage fit trop de
bruit, et parvint aux oreilles de la Police, qui
parut vouloir faire cesser les progrès des épreu-
ves. J'en fus avertie à temps, et nous jugeâmes,
mad. Lefort et moi, que la prudence exi-
geoit que nous fissions une petite éclipse, a
trente lieues de Paris.

Au bout de trois mois, le feu s'appaisa. Un
exempt de cette même police, compère et ami
de mad. Lefort, se chargea de calmer les
esprits, moyennant une somme de douze louis

d'or, que nous lui fîmes compter. Nous retournâmes à Paris avec de nouveaux projets.

Ma mère, qui avoit beaucoup insisté sur ce
que l'opération du bistouri me fût faite, avoit
bien changé de système; elle trouvoit dans la
difformité de ma conformation un fonds inalté-
rable qui produisoit un gros revenu sans être
cultivé, sans craindre des ORVALES, point d'enfans, point de RHUMES ECCLÉSIASTIQUES à redouter. Quant à mes plaisir, je me repaissais,
par nécessité, de ceux dont tu sais te contenter par raison.

Cependant, poursuivit la Bois-Laurier, nous
prîmes de nouvelles allures et nous nous gui-
dâmes sur de nouveaux principes. En arrivant
de notre exil volontaire, notre premier soin fut
de changer de quartier, et sans dire mot au
Président, nous nous transportâmes dans le
faubourg Saint-Germain.

La première connoissance que j'y fis, fut
celle d'une certaine Baronne qui, après avoir
pendant sa jeunesse travaillé utilement et de
concert avec une Comtesse, sa sœur, aux plaisirs de la jeunesse libertine, étoit devenue di-

rectrice de la maison d'un riche Américain, à qui elle prodiguoit les débris de ses appas surannés, qu'il payoit bien au-delà de leur juste valeur. Un autre Américain, ami de celui-ci, me vit et m'aima : nous nous arrangeâmes. La confidence que je lui fis du cas où j'étois, l'enchanta au lieu de le rebuter. Le pauvre homme sortoit d'entre les mains du célèbre Petit : il sentoit qu'entre les miennes il avoit moins à craindre la rechûte. Mon nouvel amant d'ouTRE-MER avoit fait vœu de se borner aux plaisirs de la petite oie ; mais il y mêloit un tic singulier. Son goût étoit de me placer assise à côté de lui sur un sopha, découverte jusqu'au-dessus du nombril ; et tandis que j'empoignois et que je donnois de légères secousses au rejeton de la racine du genre humain, il falloit souffrir qu'une femme-de-chambre qu'il m'avoit donnée, s'occupât à couper quelques poils de ma toison. Sans ce bizarre appareil, je crois que la vigueur de dix bras comme le mien, ne fût pas venu à bout de guinder la machine de mon homme, et encore moins d'en tirer une goutte d'élixir.

Pl. 10.

T.II.
P.40.

Du nombre de ces hommes à fantaisies, étoit
l'amant de Minette, troisième sœur de la Ba—
ronne. Cette fille avoit de beaux yeux, elle
étoit grande, assez bien faite, mais laide,
noire, sèche, minaudière, jouant l'esprit et
les sentimens sans avoir ni l'un ni l'autre. La
beauté de sa voix lui avoit procuré successivement nombre d'adorateurs. Celui qui étoit alors
en fonction, n'étoit ému que par ce talent ; et
les seuls accens de la voix mélodieuse de cet
Orphée femelle, avoient la vertu d'ébranler la
machine de cet amant, et de l'exciter au plus
grand des plaisirs.

Un jour, après avoir fait entre nous trois un
ample dîner libertin, pendant lequel on avoit
chanté, on m'avoit plaisanté sur la difformité
de mon*** : on avoit dit et fait toutes les folies
imaginables ; nous nous culbutâmes sur un
grand lit ; là, nos appas sont étalés, les miens
sont trouvés admirables pour la perspective,
l'amant se met en train, il campe Minette sur
le bord du lit, la trousse, l'enfile, et la prie
de chanter. La docile Minette, après un petit
prélude, entonne un air de mouvement à trois

temps coupés ; l'amant part , pousse et repousse toujours en mesure : ses lèvres semblent
battre les cadences , tandis que les coups de
fesses marquent le temps. Je regarde, j'écoute,
en riant aux larmes, couchée sur le même lit.
Tout alloit bien jusque-là , lorsque la voluptueuse Minette , venant à prendre plaisir au
cas , chante faux , détonne , perd la mesure :
un BÉMOL est substitué à un BÉCARRE. Ah !
chienne, s'écrie sur-le-champ notre zélateur
de la bonne musique, tu as déchiré mon
oreille : ce faux ton a pénétré jusqu'à la
cheville ouvrière, elle se détraque ; tiens, dit-il,
en se retirant , regarde l'effet de ton maudit
BEMOL. Hélas ! le pauvre diable étoit mou; le
meuble qui battoit la mesure n'étoit plus qu'un
chiffon.

Mon amie , désespérée , fit des efforts in-
croyables pour ranimer son acteur, mais les
plus tendres baisers , les attouchemens les plus
lascifs furent employés en vain ; ils ne purent
rendre l'élasticité à la partie languissante. Ah !
mon cher ami , s'écria-t-elle , ne m'abandonne
pas ; c'est mon amour pour toi, c'est le plaisir

qui a dérangé mon organe ; me quitteras-tu dans cet heureux moment ? Manon, ma chère Manon, secours-moi : montre-lui ta petite moniche ; elle lui rendra la vie, elle me la rendra à moi-même ; car je meurs s'il ne finit. Passe là, mon cher Bibi, dit-elle à son amant, dans l'attitude voluptueuse où tu mets quelquefois la comtesse, ma sœur ; l'amitié de Manon pour moi me répond de sa complaisance.

Pendant toute cette singulière scène, je n'avois cessé de rire jusqu'à perdre la respiration. En effet, a-t-on jamais vu faire une pareille besogne en chantant, et battre la mesure avec un pareil outil ? et jamais a-t-on pu imaginer qu'un bémol au lieu d'un bécarre, dût faire rater et rentrer un homme en lui-même.

Je concevois bien que la sœur de la Baronne se prêtoit à tout ce qui pouvoit plaire à son amant, moins par la volupté que pour le retenir dans ses lieux, par des complaisances qu'elle lui faisoit payer chèrement ; mais j'ignorois encore quel avoit été le rôle de la Comtesse, que l'on me prioit de doubler. Je fus bientôt éclaircie. Voici quel il fut.

Les deux amans me couchèrent sur le ven‑
tre, sous lequel ils mettoient trois ou quatre
coussins, qui tiennent mes fesses élevées, puis
ils me troussent jusqu'au-dessus des hanches,
la tête appuyée sur le chevet du lit. Minette
s'étend sur le dos, place sa tête entre mes
cuisses, ma toison jointe à son front, auquel
elle servoit comme de toupet. Bibi lève les
jupes et la chemise de Minette, se couche sur
elle, et se soutient sur les bras. Remarque, ma
chère Thérèse, que dans cette attitude, M. Bibi
avoit pour perspective, à quatre doigts de son
nez, le visage de son amante, ma toison, mes
fesses, et le reste. Pour cette fois, il se passa
de musique : il baisoit indistinctement tout ce
qui se présentoit devant lui, visage, cul,
bouche, et nulle préférence marquée, tout lui
étoit égale ; son dard, guidé par la main de
Minette, reprit bientôt son élasticité et rentra
dans son premier gîte. Ce fut alors que les
grands coups se donnèrent : l'amant poussoit,
Minette juroit, mordoit, remuoit la charnière
avec une agilité sans égale ; pour moi, je cou‑
tinuois de rire aux larmes, en regardant de

tous mes yeux la besogne qui se faisoit derrière moi. Enfin, après un assez long travail, les deux amans se pâmèrent et nagèrent dans une mer de délices.

Quelque temps après, je fus introduite chez un Evêque, dont la manie étoit plus bruyante, plus dangereuse pour le scandale et pour le tympan de l'oreille le mieux organisé. Imagine-toi que, soit par goût de prédilection, soit par un défaut d'organisation, dès que sa grandeur sentoit les approches du plaisir, elle mugissoit, et crioit à haute voix : HAI! HAI! HAI! en forçant le ton à proportion de la vivacité du plaisir dont il étoit affecté ; de sorte que l'on auroit pu calculer les gradations du chatouille-ment que ressentoit le gros et simple Prélat, par les degrés de force qu'il employoit à mugir, haï! haï! haï! tapage qui, lors de la décharge de Monseigneur, auroit pu être entendu à mille pas à la ronde, sans la précaution que son valet-de-chambre prenoit, de matelasser les porte et les fenêtres de l'appartement épis-copal.

Je ne finirois pas, si je te faisois le tableau

de tous les goûts bizarres , des singularités que j'ai connues chez les hommes , indépendamment de diverses postures qu'ils exigent des femmes dans le coït.

Un jour je fus introduite par une petite porte de derrière, chez un homme de nom et fort riche, à qui, depuis cinquante ans, tous les matins, une fille nouvelle pour lui, rendoit pareille visite: Il ouvrit lui-même la porte de son appartement. Prévenue de l'ETIQUETTE qui s'observoit chez ce paillard d'habitude, dès que je fus entrée, je quittai robe et chemise. Ainsi nue, j'allai lui présenter mes fesses à baiser dans un fauteuil où il étoit gravement assis.

Cours donc vîte, ma fille, me dit-il, tenant d'une main son paquet qu'il secouoit de toute sa force, et de l'autre une poignée de verges dont mes fesses étoient simplement menacées. Je me mets à courir, il me suit ; nous faisons cinq à six tours de chambre, lui criant comme un diable : cours donc, coquine, cours donc. Enfin, il tombe pâmé dans son fauteuil ; je me r'habille, il me donne deux louis, et je sors.

Pl. 13

T.II.
P. 47.

(47)

Un autre me plaçoit sur le bord d'une chaise, découverte jusqu'à la ceinture Dans cette posture, il falloit que, par complaisance, quelquefois par goût, je me servisse du frottement de la tête d'un GODEMICHI, pour me provoquer au plaisir. Lui, posté dans la même attitude vis-à-vis de moi, à l'autre extrémité de la chambre, travailloit de la main à la même besogne, ayant les yeux fixés sur mes mouvemens, et attentif à ne terminer son opération que lorsqu'il apercevoit que ma langueur annonçoit le comble de la volupté.

Un troisième (c'étoit un vieux médecin), ne donnoit aucun signe de virilité, qu'au moyen de cent coups de fouet que je lui appliquois sur les fesses, tandis qu'une de mes compagnes, à genoux devant lui, la gorge nue, travailloit avec ses mains à disposer le nerf érecteur de cet Esculape moderne, d'où exhaloient enfin les esprits qui, mis en mouvement, par la fustigation, avoient été forcés de se porter dans la région inférieure. C'est ainsi que nous le disposions, ma camarade et moi, par ces différentes opérations, à répandre le baume de vie. Tel étoit le mécanisme par lequel ce docteur nous assuroit qu'on pouvoit restaurer un homme usé, un impuissant, et faire concevoir une femme stérile.

Un quatrième (c'étoit un voluptueux Courtisan, usé de débauche) me fit venir chez lui avec une de mes compagnes. Nous le trouvâmes dans un cabinet environné de glaces de toutes parts, disposées de manière que toutes faisoient face à un lit de repos de velours cramoisi, qui étoit placé dans le milieu. Vous êtes de charmantes dames, adorables, dit affectueusement le Courtisan ; cependant, vous ne trouverez pas mauvais que je n'aie pas l'honneur de vous.... ce sera, si vous le trouvez bon, un de mes valets-de-chambre, garçon beau et bien fait, qui aura celui de vous amuser. Que voulez-vous, mes beaux enfans, ajouta-t-il, il faut savoir aimer ses amis avec leurs défauts. Je ne puis plus jouir des plaisirs, si ce n'est par l'idée que je me forme de ceux que je vois prendre aux autres. D'ailleurs, chacun se mêle de.... Eh ! ne seroit-il pas impitoyable que gens comme moi, soyions les singes d'un gros vilain paysan ?

Après ce discours préliminaire , prononcé d'un ton mielleux , il fit entrer son valet-de-chambre, qui parut en petite veste de satin couleur de chair, en habit de combat. Ma camarade fut couchée sur le lit de repos , bien duement troussée par le valet-de-chambre, qui m'aida ensuite à me déshabiller nue, de la ceinture en haut. Tout étoit compassé et se faisoit avec mesure. Le maître, dans un fauteuil , examinoit et tenoit son instrument mollet à la main. Le valet-de-chambre, au contraire, qui avoit descendu sa culotte jusque sur ses genoux , et tourné le bas de sa chemise autour de ses reins , en laissoit voir un des plus brillans. Il n'attendoit , que les ordres de son maître , qui lui annonça qu'il pouvoit commencer. Aussitôt le fortuné valet-de-chambre grimpe sur ma camarade , l'enfile et reste immobile. Ses fesses étoient découvertes.

Prenez la peine , Mademoiselle , dit notre Courtisan, de vous placer à l'autre côté du lit, et de chatouiller cette ample partie de C... qui pend entre les cuisses de mon homme, qui est, comme vous voyez, un fort honnête Lorrain.

Cela exécuté de ma part, nue, comme je vous ai dit, de la ceinture en haut, l'ordonnateur de la fête dit à son valet-de-chambre qu'il pouvoit aller son train. Celui-ci pousse sur-le-champ, et repousse avec une mobilité de fesses admirables : ma main suit leurs mouvemens, ne quitte point les deux énormes VERRUES. Le maître parcourt des yeux ces miroirs, qui lui rendent des tableaux diversifiés, selon le côté dont les objets sont réfléchis. Il vient à bout de faire roidir son instrument, qu'il secoue avec vigueur ; il sent que le moment de la volupté approche. Tu peux finir, dit-il à son valet-de-chambre. Celui-ci redouble ses coups ; tous deux enfin se pâment et répandent la liqueur divine.

Chère Thérèse, dit la Bois-Laurier en poursuivant ses propos, je me rappelle fort à propos une plaisante aventure qui m'arriva ce même jour avec trois CAPUCINS : elle te donnera une idée de l'exactitude de ces bons Pères à observer leur vœu de chasteté.

Après être sortie de chez le Courtisan dont je viens de te parler, et avoir dit adieu à ma com-

pagne, comme je tournois le premier coin de rue pour monter dans un fiacre qui m'attendoit, je rencontrai la Dupuis, amie de ma mère, digne émule de son commerce, mais qui en exerçoit les travaux dans un monde moins bruyant.

Ah! ma chère Manon, me dit-elle en m'abordant, que je suis ravie de te rencontrer! Tu sais que c'est moi qui ai l'honneur de servir presque tous nos moines de Paris. Je crois que ces chiens-là se sont tous donné le mot aujourd'hui pour me faire enrager ; ils sont tous en RUT. J'ai, depuis ce matin, neuf filles en campagne, pour eux, en diverses chambres et quartiers de Paris, et je cours, depuis quatre heures sans en pouvoir trouver une dixième pour trois vénérables Capucins qui m'attendent encore dans un fiacre bien fermé, dans le chemin de ma petite maison. Il faut, Manon, que tu me fasses le plaisir d'y venir ; ce sont de bons diables, ils t'amuseront. J'eus beau dire à la Dupuis qu'elle savoit bien que je n'étois pas un gibier de Moines, que ces Messieurs ne se contentoient pas des plaisirs de fantaisie, de ceux de la petite oie ; qu'il leur falloit des filles dont les ouvertures fussent libres.

Parbleu ! répliqua la Dupuis, je te trouve admirable de t'inquiéter des plaisirs de ces coquins-là ; il suffit que je leur donne une fille ; c'est à eux à en tirer tel parti qu'ils pourront. Tiens, voilà six louis qu'ils m'ont mis en main : il y en a trois pour toi ; veux-tu me suivre ? La curiosité autant que l'intérêt me détermina. Nous montâmes dans mon fiacre, et nous nous rendîmes près de Montmartre, à la petite maison de la Dupuis.

Un instant après, entrent nos trois Capuchons, qui, peu accoutumés à goûter d'un morceau aussi friand que je paroissois l'être, se jettent sur moi comme trois dogues affamés. J'étois dans ce moment debout, un pied élevé sur une chaise, nouant une de mes jarretières. L'un, avec une barbe rousse et une haleine infectée, vint m'appuyer un baiser sur la parole, encore cherchoit-il à chiffonner avec sa langue. Un autre tracassoit grossièrement sa main dans mes tetons ; et je sens le visage du troisième, qui avoit levé ma chemise, ap-

pliqué contre mes fesses, tout près du trou mignon.

Quelque chose de rude comme du crin, passé entre mes cuisses, me farfouilloit le quartier de devant ; j'y porte la main : qu'est-ce que je saisis ? la barbe du père Hilaire, qui, se sentant pris et tiré par le menton, m'applique, pour m'obliger à lâcher prise, un assez vigoureux coup de dent dans une fesse. J'abandonne en effet la barbe, et un cri perçant que ma douleur arracha, en imposa heureusement à ces effré—nés, et me tira pour un moment de leurs pattes. Je m'assis sur un lit de repos près duquel j'étois; mais à peine eus-je le temps de m'y reconnoître, que trois instrumens énormes se trouvent braqués devant moi.

Ah ! mes Pères, m'écriai-je, un moment de patience, s'il vous plaît; mettons un peu d'ordre dans ce qui nous reste à faire. Je ne suis pas venue ici pour jouer la vestale : voyons donc avec lequel de vous trois je.... ?

C'est à moi, s'écrient-ils tous ensemble, sans me donner le temps d'achever. A vous, jeunes barbes, reprit l'un d'eux en nazillant ? Vous osez disputer le pas au père Ange, ci-devant Gardien de...., Prédicateur du carême de...., votre Supérieur! Où est donc la subordination? Ma foi, ce n'est pas chez la Dupuis, reprit l'un d'eux sur le même ton ; ici père Anselme vaut bien père Ange. Tu en as menti, répliqua ce dernier en apostrophant un coup de poingt dans le milieu de la face du très-révérend père Anselme. Celui-ci qui n'étoit rien moins que manchot, saute sur le père Ange ; tous deux se saisissent, se collettent, se culbutent, se déchirent à belles dents ; leurs robes relevées sur leurs têtes, laissent à découvert leurs misérables outils, qui de saillans qu'ils s'étoient montrés, se trouvoient réduits en forme de lavettes. La Dupuis accourut pour les séparer ; elle n'y réussit qu'en appliquant un grand seau d'eau fraîche sur les parties honteuses de ces deux disciples de saint-François.

Pendant le combat, le père Hilaire ne s'amusoit point à la moutarde. Comme je m'étois renversée sur le lit, pâmée de rire, il fourrageoit mes appas, et cherchoit à manger l'huître disputée à belles gourmades par ses deux compagnons. Surpris de la résistance qu'il ren-

Pl. 10.

T.II.
P.54.

contre, il s'arrête pour examiner de près les débouchés ; il entr'ouvre la coquille, point d'issue : il cherche de nouveau à percer , soins perdus, peines inutiles. Son instrument , après des efforts redoublés, est réduit à l'humiliante ressource de cracher au nez de l'huître qu'il ne peut gober.

Le calme succéda tout-à-coup aux fureurs monacales. Père Hilaire demande le silence : il informe les deux combattans de mon irrégularité et de la barrière qui fermoit l'entrée du séjour des Plaisirs. La vieille Dupuis essuya de vifs reproches, dont elle se défendit en plaisantant ; et en femme qui sait son monde , elle tâcha de faire diversion par l'arrivée d'un convoi de bouteilles de vin de Bourgogne , qui furent bientôt sablées.

Cependant les outils de nos Pères reprennent leur première consistance. Les libations bachiques sont interrompus de temps à autre par des libations à Priape Toutes imparfaites qu'étoient celles-ci nos frappards s'en contentent, et tantôt mes fesses , tantôt leurs revers, servent d'autel à leurs offrandes.

Bientôt la gaîté s'empara des esprits. Nous mettons à nos convives du rouge, des mouches : chacun d'eux s'affuble de quelqu'un de mes ajustemens ; peu à peu je suis dépouillée toute nue, et couverte d'un simple manteau de Capucin , équipage dans lequel ils me trouvèrent charmante. N'êtes-vous pas trop heureux, s'écria la Dupuis, de jouir du plaisir de voir des minois comme celui de la charmante Manon.

« Non, ventrebleu, répliqua père Ange d'un
» ton furieux , je ne suis pas venu ici pour voir
» un minois ; c'est pour f... un C...que je m'y
» suis rendu. J'ai bien payé, ajouta-t-il, et ce
» V..., que je tiens en main, n'en sortira] pas
» qu'il n'ait f..., fut-ce le diable. »

Ecoute bien cette scène , me dit la Bois-Laurier en s'interrompant, elle est originale ; mais je t'avertis (peut-être un peu tard), que je ne puis retrancher à l'énergie des termes , sans lui faire perdre toutes ses graces.

La Bois-Laurier avoit trop galamment commencé pour ne pas la laisser finir de même : je souris : elle continua ainsi le récit de cette aventure.

Pl. 17.

T.II.
P.56.

(57)

Fût-ce le diable , répliqua la Dupuis, se levant de dessus sa chaise et élevant sa voix du
même ton nazillant que celui du Capucin : eh
bien ! b...., dit-elle en se troussant jusqu'au
nombril; « regarde ce C.... vénérable qui en
vaut bien deux : je suis une bonne diablesse ;
f...-moi donc, si tu l'oses, et gagne ton argent.»
Elle prend en même temps père Ange par la
barbe et l'entraîne sur elle, en se laissant tomber sur le petit lit. Le Père n'est point déconc-
certé par l'enthousiasme de sa Proserpine , il
se dispose à l'enfiler , et l'enfila à l'instant.

A peine la sexagénaire Dupuis eut-elle éprou-
vé le frottement de quelques secousses du Père,
que ce plaisir délicieux, qu'aucun mortel n'a-
voit eu la hardiesse de lui faire goûter depuis
plus de vingt-cinq ans, la transporte et lui fait
bientôt changer de ton. «Ah ! mon papa, disoit-
» elle en se démenant comme une enragée :
» mon cher papa, f.... donc.... ; donne-moi
» du plaisir !.... Je n'ai que quinze ans, mon
» ami ; oui, vois-tu ? je n'ai que quinze ans...;
» sens-tu ces allures ?.... Va donc, mon petit
» Chérubin..... Tu me rends la vie....; tu fais
» une œuvre méritoire.... »

Dans l'intervalle de ces tendres exclamations, la Dupuis baisoit son champion ; elle
le pinçoit, elle le mordoit avec les deux uniques
chicots qui lui restoient dans la bouche,

D'un autre côté, le Père, qui étoit surchargé
de vin , ne faisoit que hennequiner ; mais ce
vin, commençant à faire l'effet, la galerie,
composée des révérends Pères Anselme, Hilaire
et de moi, s'aperçut bientôt que père Ange
perdoit du terrein, et que ses mouvemens ces-
soient d'être régulièrement périodiques. «Ah !
» b ....., s'écria tout-à-coup la connoisseuse
» Dupuis, je crois que tu deb...., chien : si tu
» me faisois un pareil affront.....» Dans l'instant l'estomac du Père, fait capot ; et l'inon-
dation, portant directement sur la face de
l'infortunée Dupuis , au moment d'une de ses
exclamations amoureuses, qui lui tenoit la
bouche béante , la vieille se sentant infectée de
cette ex-libation infecte, son cœur se soulève,
et elle paie l'agresseur de la même monnoie.

Jamais spectacle plus affreux et plus risible
en même temps. Le Moine s'appesantit, écroule
sur la Dupuis : celle-ci fait de puissans efforts

pour le renverser de côté ; elle y réussit. Tous deux nagent dans l'ordure : leurs visages sont méconnoissables ; la Dupuis, dont la colère n'étoit que suspendue, tomba sur P. Ange à grands coups de poing : nos ris immodérés, et ceux des deux spectateurs, nous ôtent la force de leur donner du secours. Enfin nous les joignîmes, et nous séparâmes les champions. P. Ange s'endort : la Dupuis se nettoie ; à l'entrée de la nuit chacun se retire et gagne tranquillement son manoir.

Après ce beau récit, qui nous apprêta à rire de grand cœur, la Bois-Laurier continua à peu près dans ces termes :

« Je ne te parle point du goût de ces monstres qui n'en ont que pour le plaisir anti-physique, soit comme agens, soit comme patiens. L'Italie en produit moins aujourd'hui que la France. Ne savons-nous pas qu'un Seigneur aimable, entiché de cette frénésie, ne put venir à bout de consommer son mariage avec une épouse charmante, la première nuit de ses noces, que par le moyen de son valet-de-chambre, à qui son maître ordonna, dans le fort de l'acte, de lui faire la même introduction par derrière que celle qu'il faisoit à sa femme par devant.

Je remarque cependant que Messieurs les anti-physiques se moquent de nos injures, et défendent vivement leur goût, en soutenant que leurs antagonistes ne se conduisent que par les mêmes principes qu'eux.

» Nous cherchons tous le plaisir, disent ces
» hérétiques, par la voie où nous croyons le
» trouver. C'est le goût qui guide nos adver-
» saires, ainsi que nous. Or, vous conviendrez
» que nous ne sommes pas les maîtres d'avoir
» tel ou tel goût. Mais, dit-on, lorsque les
» goûts sont criminels, lorsqu'ils outragent la
» Nature, il faut les rejeter. Point du tout, en
» matière de plaisirs, pourquoi ne pas suivre
» son goût ? Il n'y en a point de coupables.
» D'ailleurs, il est faux que l'anti-physique soit
» contre nature, puisque c'est cette même Na-
» ture qui nous donne le penchant pour ce
» plaisir. Mais, dit-on encore, on ne peut pas
» procréer son semblable, continuent-ils.
» Quel raisonnement ! Où sont les hommes
» de l'un et de l'autre goût, qui prennent le

» plaisir de la chair dans la vue de faire un
» enfant ? »

Enfin, continua la Bois-Laurier, messieurs
les anti-physiques allèguent mille autres raisons, pour faire voir qu'ils ne sont à plaindre
ni à blâmer. Quoi qu'il en soit, je les déteste ;
et il faut que je te conte un tour assez plaisant que j'ai joué une fois en ma vie à un de
ces exécrables ennemis de notre sexe.

J'étois avertie qu'il devoit venir me voir ; et
quoique je sois une terrible péteuse, j'eus encore la précaution de me farcir l'estomac d'une
forte quantité de navets, afin d'être mieux en
état de le recevoir suivant mon projet. C'étoit
un animal que je ne souffrois que par complaisance pour ma mère. Chaque fois qu'il venoit
au logis, il s'occupoit pendant deux heures à
examiner mes fesses, à les ouvrir, à les refer-
mer, à porter le doigt au trou, où il eût volon-
tiers tenté d'y mettre autre chose, si je ne
m'étois pas expliquée nettement sur l'article :
en un mot, je le détestois. Il arrive à neuf
heures du soir ; m'ayant fait coucher à plat
ventre sur le bord du lit, puis, après avoir

exactement levé mes jupes et ma chemise, il va, selon sa louable coutume, s'armer d'une bougie, dans le dessein de venir examiner l'objet de son culte. C'est où je l'attendois. Il mit un genou en terre, et, approchant la lumière et son nez, je lui lâchai, à brûle-pour-point, un vent moëlleux que je retenois avec peine depuis deux heures ; le prisonnier, en s'échappant, fit un bruit enragé, et éteignit la bougie. Le curieux se jeta incontinent en arrière, en faisant sans doute une grimace de tous les diables : la bougie tombée de ses mains fut rallumée ; je profite du désordre, et me sauve, en éclatant de rire, dans une chambre voisine, où je m'enfermai, et de laquelle ni prières ni menaces ne purent me retirer, jusqu'à ce que mon homme au camoufflet eût vidé la maison.

Ici, madame Bois-Laurier fut obligée de cesser sa narration, par les ris immodérés qu'excita en moi cette aventure. Par compagnie, elle rioit aussi de tout son cœur ; et je pense que nous n'eussions pas fini sitôt, sans l'arrivée de deux Messieurs de sa connoissance que l'on vint annoncer. Elle n'eut que le temps de me dire

Pl. 18.

T. II.
P. 62.

que cette interruption la fâchoit beaucoup, en ce qu'elle ne m'avoit encore montré que le mauvais côté de son histoire, qui ne pouvoit que me donner une fort mauvaise opinion d'elle, mais qu'elle espéroit me faire connoître bientôt le bon, et m'apprendre combien elle s'étoit empressée de saisir la première occasion, pour se retirer du train de vie abominable dans lequel la Lefort l'avoit engagée.

Je dois rendre justice à la Bois-Laurier, si j'en excepte mon aventure avec M. R..., dont elle n'a jamais voulu convenir d'avoir été de moitié, sa conduite n'a rien eu d'irrégulier pendant que je l'ai connue. Cinq ou six amis formoient sa société : elle ne voyoit de femme que moi, et les haïssoit. Nos conversations étoient décentes devant tout le monde : rien de si libertin que celles que nous tenions dans le particulier depuis nos confidences réciproques. Les hommes qu'elle voyoit étoient sensés. On jouoit à de petits jeux de commerce, ensuite on soupoit chez elle presque tous les soirs. Le seul B..., ce prétendu oncle financier, étoit admis à l'entretien en particulier.

J'ai dit que ces deux Messieurs nous avoient été annoncés : ils entrèrent ; nous fîmes un quadrille, nous soupâmes gaîment. La Bois-Laurier, qui étoit d'une humeur charmante, et qui étoit bien aise de ne me pas laisser seule aux réflexions de mon aventure du matin, m'entraîna dans son lit. Il fallut coucher avec elle : on hurle avec les loups ; nous dîmes et nous fîmes toutes sortes de folies.

Ce fut, mon cher Comte, le lendemain de cette nuit libertine que je vous parlai pour la première fois. Jour fortuné ! sans vous, sans vos conseils, sans la tendre amitié et l'heureuse sympathie qui nous lia d'abord, je courois insensiblement à ma perte. C'étoit un vendredi : vous étiez, il m'en souvient, dans l'amphithéâtre de l'Opéra, presque au-dessous d'une loge où nous étions placées, la Bois-Laurier et moi.

Si nos yeux se rencontrèrent par hasard, ils se fixèrent par réflexion. Un de vos amis, qui devoit être le même soir un de nos convives, nous joignit ; vous l'abordâtes un peu de temps après. On me plaisantoit sur mes principes de

morale ; vous parûtes curieux de les approfon-
dir, et ensuite charmé de les connoître à fond.
La conformité de vos sentimens aux miens ré-
veilla mon attention. Je vous écoutois, je vous
voyois avec un plaisir qui m'étoit inconnu jusqu'alors. La vivacité de ce plaisir m'anima, me
donna de l'esprit, développa en moi des sentimens que je n'y avois pas encore aperçus.

Tel est l'effet de la sympathie des cœurs ; il
semble que l'on pense par l'organe de celui
avec qui elle agit. Dans l'instant que je disois
à la Bois-Laurier qu'elle devoit vous engager
à souper avec nous , vous faisiez la même
proposition à votre ami. Tout s'arrangea : l'O-
péra fini , nous montâmes tous quatre dans
votre carrosse pour nous rendre dans votre
hôtel garni, où, après un quadrille, dont nous
payâmes amplement les frais par les fautes de
distraction que nous fîmes, on se mit à table
et on soupa. Enfin, je vous vis sortir avec re-
gret ; je me sentis agréablement consolée par la
permission que vous exigeâtes de venir me voir
quelquefois , dans un ton qui me convainquit
du dessein où vous étiez de n'y pas manquer.

F 2

Lorsque vous fûtes sorti, la curieuse Bois-Laurier me questionna, et tâcha insensiblement de démêler la nature de la conversation particulière que nous avions eue, vous et moi, après le souper. Je lui dis particulièrement que vous m'aviez paru désirer de savoir quelle espèce d'affaire m'avoit conduite et me retenoit à Paris ; et je convins que vos procédés m'avoient inspiré tant de confiance, que je n'avois pas hésité à vous informer de presque toute l'histoire de ma vie et l'état de ma situation actuelle. Je continuai de lui dire que vous m'aviez paru touché de mon état, et que vous m'aviez fait entendre que, par les suites, vous pourriez me donner des preuves des sentimens que je vous avois inspirés.

Tu ne connois pas les hommes, reprit la Bois-Laurier, la plupart ne sont que des séducteurs, qui, après avoir abusé de la crédulité d'une fille, l'abandonnent à son malheureux sort. Ce n'est pas que j'aie cette idée du caractère du Comte personnellement ; au contraire, tout annonce en lui l'homme qui pense, l'honnête homme, par goût et sans préjugés.

Après quelques autres discours de la Bois-Laurier, qui visoient à me servir de leçons propres à m'apprendre et à connoître les différens caractères des hommes, nous nous couchâmes; et dès que nous fûmes au lit, nos folies firent place aux raisonnemens.

Le lendemain, la Bois-Laurier me dit en s'éveillant : Je vous ai conté hier, ma chère Thérèse, à peu près toutes les misères de ma vie ; vous avez vu le mauvais côté de la médaille : ayez la patience de m'écouter, vous en connoîtrez le bon.

Il y avoit long-temps, poursuivit-elle, que mon cœur étoit bourrelé, que je gémissois de la vie indigne, humiliante, dans laquelle la misère m'avoit plongée, et où l'habitude et les conseils de la Lefort me retenoient, lorsque cette femme, qui avoit eu l'art de conserver sur moi une sorte d'autorité de mère, tomba malade et mourut. Chacun me croyant sa fille, je restai héritière de tout. Je trouvai, tant en argent comptant qu'en meubles, vaisselle, linge, de quoi former une somme de trente-six mille li-vres : en me procurant un honnête nécessaire, tel que vous le voyez aujourd'hui, je vendis le superflu, et dans l'espace d'un mois, j'arrangeai mes affaires, de manière que je m'assurai trois mille quatre cents livres de rente viagère. Je donnai mille livres aux pauvres, et je partis pour Dijon ; dans le dessein de m'y retirer, et d'y passer tranquillement le reste de mes jours.

Chemin faisant, la petite-vérole me prit à Auxerre, elle changea tellement mes traits et mon visage, qu'elle me rendit mcconnoissable. Cet événement, joint aux mauvais secours que j'avois reçus pendant ma maladie, dans la province que je m'étois proposé d'habiter, me fit changer de résolution. Je compris aussi que, retournant à Paris, et m'éloignant des deux quartiers que j'avois habités pendant mes deux caravannes, je pourrois facilement y vivre tranquille dans un autre, sans être reconnue. J'y suis donc de retour depuis un an. M. B... est le seul homme qui m'y connoisse pour ce que je suis : il veut bien que je me dise sa nièce, parce que je me fais passer pour une femme de qualité. Vous êtes aussi, Thérèse, la seule personne à qui je me suis confiée, persuadée

qu'une personne qui a des principes tels que
les vôtres, est incapable d'abuser de la con—
fiance d'une amie qui vous est attachée par
la bonté de votre caractère, et par l'équité
qui règne dans vos sentimens.

Fin de l'Histoire de la Bois -Laurier.

SUITE

DE L'HISTOIRE

DE

THÉRÈSE.

Lorsque madame Bois-Laurier eut fini, je l'assurai qu'elle devoit faire fonds sur ma discrétion ; et je la remerciai de bon cœur de ce qu'elle avoit vaincu, en ma faveur, la répugnance que l'on a naturellement à informer quelqu'un de ses dérèglemens passés.

Il étoit alors près de midi. Nous en étions aux politesses mutuelles, la Bois-Laurier et moi, lorsqu'on m'annonça que vous demandiez à me voir. Mon cœur tressaillit de joie : je me levai, je volai auprès de vous : nous dînâmes et passâmes ensemble le reste de la journée.

Trois semaines s'écoulèrent, sans que nous nous connussions et sans que j'eusse l'esprit de m'apercevoir que vous employiez ce temps à connoître si j'étois digne de vous. En effet, enivrée du plaisir de vous voir, mon âme n'apercevoit aucun autre sentiment dans moi ; et quoique je n'eusse d'autre désir que celui de vous posséder toute ma vie, il ne me vint jamais dans l'idée de former un projet suivi pour m'assurer ce bonheur.

Cependant, la modestie de vos expressions et la sagesse de vos procédés avec moi, ne laissoient pas de m'alarmer. S'il m'aimoit, dis-je, il auroit auprès de moi les airs de vivacité que je vois à tels et à tels, qui m'assurent qu'ils ont pour moi l'amour le plus vif. Cela m'inquiétoit. J'ignorois alors que les gens sensés aiment avec des procédés sensés, et que les étourdis sont des étourdis partout.

Enfin, mon cher Comte, au bout d'un mois, vous me dites un jour assez laconiquement, que ma situation vous avoit inquiété dès le jour même que vous m'aviez connue ; que ma figure, mon caractère, ma confiance en vous , vous avoient déterminé à chercher des moyens qui pussent me tirer du labyrinthe dans lequel j'étois à la veille d'être engagée. Je vous parois sans doute bien froid , mademoiselle, ajoutâtes-vous, pour un homme qui vous assure qu'il vous aime. Cependant, rien n'est si certain : mais comptez que la passion qui m'affecte le plus, est celle de vous rendre heureuse. Je voulus en ce moment vous interrompre pour vous remercier. Il n'est pas temps, Mademoiselle, reprîtes-vous ; ayez la bonté de m'écouter jusqu'à la fin. J'ai douze mille livres de rente ; je puis , sans m'incommoder, vous en assurer deux mille. Je suis garçon , dans la ferme résolution de ne jamais me marier, et déterminé à quitter le grand monde, dont les bizarreries commencent à m'être trop à charge , pour me retirer dans une assez belle terre que j'ai à quatre lieues de Paris. Je pars dans quatre jours. Voulez-vous m'y accompagner comme amie ? Peut-être par la suite , vous déterminerez-vous à vivre avec moi comme ma maîtresse ; cela dépendra du plaisir que vous aurez à m'en faire ; mais comptez que cette détermination ne réussira qu'autant que vous sentirez intérieurement qu'elle peut contribuer à votre félicité.

C'est une folie, ajoutâtes-vous, de croire qu'on est maître de se rendre heureux par sa façon de penser. Il est démontré qu'on ne pense pas comme on veut. Pour faire son bonheur, chacun doit saisir le genre de plaisir qui lui est propre, qui convient aux passions dont il est affecté, en combinant ce qui résultera de bien et de mal de la jouissance de ce plaisir, et en observant que ce bien et ce mal soient considérés non-seulement eu égard à soi-même, mais encore eu égard à l'intérêt public. Il est constant que l'homme, par la multiplicité de ses besoins, ne peut être heureux sans le concours d'une infinité d'autres personnes ; chacun doit être attentif à ne rien faire qui blesse la félicité de son voisin. Celui qui s'écarte de ce système, fuit le bonheur qu'il cherche. D'où l'on peut conclure avec certitude que le premier principe que chacun doit suivre pour vivre heureux dans ce monde, est d'être honnête homme, et d'observer les lois humaines , qui sont comme les liens des besoins mutuels de la société. Il est évident, dis-je, que ceux ou celles qui s'éloignent de ce principe, ne peuvent être heureux ; ils sont persécutés par la rigueur des lois , par les remords , par la haine et par le mépris de leurs concitoyens.

Réfléchissez donc , continuâtes-vous, à tout ce que je viens de vous dire : consultez, voyez si vous pouvez être heureuse en me rendant heureux : demain je viendrai recevoir votre réponse.

Votre discours m'avoit ébranlée. Je sentis un plaisir inexprimable à imaginer que je pouvois contribuer à ceux d'un homme qui pensoit comme vous. J'aperçus en même temps le labyrinthe dont j'étois menacée, et sur lequel votre générosité devoit me rassurer. Je vous aimois ; mais que les préjugés sont puissans, et difficiles à détruire ! L'état de fille entretenue, me faisoit peur. Je craignois aussi de mettre un enfant au monde. Ma mère et madame C..., avoient failli de périr dans l'accouchement.

D'ailleurs, l'habitude où j'étois de me procurer par moi-même un genre de volupté, que l'on m'avoit dit être égal à celui que nous recevons dans les embrassemens d'un homme, amortissoit le feu de mon tempérament ; et je ne désirois jamais rien à cet égard, parce que le soulagement suivoit immédiatement les désirs. Il n'y avoit donc que la prespective d'une misère prochaine, ou l'envie de me rendre heureuse en faisant votre bonheur, qui pussent me déterminer. Le premier motif ne fit qu'effleurer ; le second me décida.

Avec quelle impatience n'attendis-je pas votre retour chez moi, dès que j'eus pris mon parti ! Le lendemain vous parûtes, je me précipitai dans vos bras. Oui, Monsieur, je suis à vous, m'écriai-je : ménagez la tendresse d'une fille qui vous chérit : vos sentimens m'assurent que vous ne contraindrez jamais les miens. Vous savez mes craintes, mes foiblesses, mes habitudes. Laissez agir le temps et vos conseils. Vous connoissez le cœur humain, le pouvoir des sensations sur la volonté ; servez-vous de vos avantages pour faire naître en moi

celles que vous croirez les plus propres pour
me déterminer à contribuer sans réserve à vos
plaisirs. En attendant, je suis votre amie, et...

Je me rappelle que vous m'interrompîtes à
ce doux épanchement de mon cœur. Vous me
promîtes que vous ne contraindriez jamais
mon goût et mes inclinations. Tout fut arrangé.
Je l'annonçai le lendemain à la Bois-Laurier,
qui fondit en larmes en me quittant, et nous
partîmes enfin pour votre terre, le jour que
vous aviez fixé.

Arrivée dans cet aimable séjour, je ne fus
pas étonnée du changement de mon état, parce
que mon esprit n'étoit occupé que du soin de
vous plaire.

Deux mois s'écoulèrent sans que vous me
pressassiez sur les désirs que vous cherchiez à
faire naître insensiblement dans moi. J'allois
au-devant de tous vos plaisirs, excepté ceux
de la jouissance dont vous me vantiez les ra-
vissemens, que je ne croyois pas plus vifs que
ceux que je goûtois par l'habitude, et que j'of-
frois de vous faire partager. Je frémissois, au
contraire, à la vue du trait dont vous menaciez

de me percer. Comment seroit-il possible, me disois-je, que quelque chose de cette longueur, de cette grosseur, avec une tête aussi mons- trueuse, pût être reçue dans un espace où je puis à peine mettre le doigt ? D'ailleurs, si je deviens mère, je le sens, j'en mourrai. Ah ! mon cher ami, continuai-je, évitons cet écueil fatal ; laissez-moi faire. Je caressois, je baisois ce que vous nommez votre DOCTEUR : je lui donnois des mouvemens qui, en vous dérobant cette liqueur divine, vous conduisoient à la vo- lupté, et rétablissoient le calme de votre âme.

Je remarquois que, dès que l'aiguillon de la chair étoit émoussé, sous prétexte du goût que j'avois pour les matières de morale et de mé- taphysique, vous employiez la force du rai- sonnement pour déterminer ma volonté à ce que vous désiriez de moi.

C'est l'amour-propre, me disiez-vous un jour, qui décide de toute les actions de notre vie. J'entends, par cet amour-propre, cette sa- tisfaction intérieure, que nous sentons à faire telle ou telle chose. Je vous aime, par exem- ple, parce que j'ai du plaisir à vous aimer. Ce que j'ai fait pour vous peut vous convenir, vous être utile ; mais ne m'en ayez aucune obligation. C'est l'amour-propre qui m'y a déterminé : c'est parce que j'ai fixé mon bonheur à contribuer au vôtre ; et c'est par ce motif que vous ne me rendez heureux que lorsque votre amour-propre y trouvera sa satisfaction particulière. Un homme donne souvent l'aumône aux pauvres , son action est utile au bien de la société , elle est louable à cet égard ; mais par rapport à lui, rien moins que cela. Il a fait l'aumône , parce que la compassion qu'il ressentoit pour ces malheureux , excitoit en lui une peine, et qu'il a trouvé moins de désagrément à se défaire de son argent en leur faveur, qu'à continuer de supporter cette peine excitée par la compassion ; ou peut-être encore que l'amour-propre, flatté par la vanité de passer pour homme charitable , est la véritable satisfaction intérieure qui l'a décidé. Toutes les actions de notre vie sont dirigées par ces deux principes : « Se procurer plus ou moins de » plaisir, éviter plus ou moins de peine. »

D'autres fois vous m'expliquiez, vous étendiez les courtes leçons que j'avois reçues de M. l'abbé T... Il vous a appris, me disiez-vous, que nous ne sommes pas plus maîtres de penser de telle ou telle manière, d'avoir telle ou telle volonté, que nous ne sommes les maîtres d'avoir ou de ne pas avoir la fièvre. En effet, ajoutiez-vous, nous voyons par des observations claires, que l'âme n'est maîtresse de rien, qu'elle n'agit qu'en conséquence des sensations et des facultés du corps ; que les causes qui peuvent produire du dérangement dans les organes, troublent l'âme, altèrent l'esprit ; qu'un vaisseau, un fibre dérangé dans le cerveau, peuvent rendre imbécile l'homme qui a le plus d'intelligence. Nous savons que la Nature n'agit que par les voies les plus simples, que par un principe uniforme : or, puisqu'il est évident que nous ne sommes pas libres dans de certaines actions, nous ne le sommes dans aucune.

Ajoutons à cela que si les âmes étoient purement spirituelles, elles seroient toujours les mêmes. Etant toutes les mêmes, si elles avoient la faculté de penser et de vouloir par elles-mêmes, elles penseroient et se détermineroient toutes de la même manière dans des cas égaux : or, c'est ce qui n'arrive point : donc elles sont déterminées par quelqu'autre chose, et ce quelqu'autre chose ne peut être que la matière, puisque les plus crédules ne connoissent que l'esprit et la matière.

Mais demandons à ces hommes crédules ce que c'est que l'esprit. Peut-il exister et n'être dans aucun lieu ? S'il est dans un lieu, il doit occuper une place : alors il est étendu ; s'il est étendu, il a des parties ; et s'il a des parties, il est matière. Donc l'esprit est une chimère ou il fait partie de la matière.

De ce raisonnement, disiez-vous, on peut conclure avec certitude, premièrement, que nous ne pensons de telle ou de telle manière, que par rapport à l'organisation de nos corps, jointe aux idées que nous recevons journellement par le tact, l'ouïe, la vue, l'odorat et le goût : secondement, que le bonheur et le malheur de notre vie dépendent de cette modification de la matière et de ces idées ; qu'ainsi les génies, les gens qui pensent, ne peuvent trop se donner de soins pour inspirer des idées qui soient propres à contribuer efficacement au bonheur public, et particulièrement à ce lui des personnes qu'ils aiment. Et que ne doivent pas faire à cet égard les pères et les mères envers leurs enfans, les gouverneurs, les précepteurs envers leurs disciples.

Enfin, mon cher Comte, vous commenciez à vous sentir fatigué de mes refus, lorsque vous vous avisâtes de faire venir de Paris votre Bibliothèque Galante, avec votre collection de Tableaux dans le même genre. Le goût que je fis paraître pour les livres, et encore plus pour la peinture, vous fit imaginer deux moyens qui vous réussirent. Vous aimez donc, mademoiselle Thérèse, me dites-vous en plaisantant, les lectures et les peintures ? J'en suis ravi : vous aurez du plus saillant ; mais capitulons : je consens de vous prêter et de placer dans votre appartement, ma bibliothèque et mes tableaux pendant un an, pourvu que vous vous engagiez de rester pendant quinze jours sans porter même la main à cette partie, qui, en bonne justice, devroit bien être aujourd'hui de mon domaine, et que vous fassiez sincèrement divorce avec le MANUÉLISME. Point de quartier, ajoutâtes-vous ; il est juste que chacun mette un peu de complaisance dans le commerce ; j'ai de bonnes raisons pour exiger celle-ci de vous : optez ; sans cet arrangement, point de livres, point de tableaux.

J'hésitai peu, je fis des vœux de continence pour quinze jours. Ce n'est pas tout me dites-vous encore : imposons-nous des conditions réciproques ; il n'est pas juste que vous fassiez un pareil sacrifice pour la vue de ces tableaux, ou pour une lecture momentanée. Faisons une gageure, que vous gagnerez sans doute. Je parie ma Bibliothèque et mes Tableaux, contre votre pucelage, que vous n'observerez pas la continence pendant quinze jours, ainsi que vous le promettez. En vérité, vous répondis-je un peu piquée, vous avez une idée singulière de mon tempérament, et vous me croyez bien peu maîtresse de moi-même. Oh ! Mademoiselle, répliquâtes-vous, point de procès, je vous prie, je n'y suis pas heureux avec vous.

Je sens que vous ne devinez pas l objet de ma proposition : écoutez-moi. N'est-il pas vrai que toutes les fois que je vous fais un présent, votre amour-propre paroît blessé de le recevoir d'un homme que vous ne rendez pas aussi content qu'il pourroit l'être ? Eh bien ! la bibliothèque et les tableaux que vous aimez tant, ne vous feront pas rougir, puisqu'ils ne seront à vous que parce que vous les aurez gagnés. Mon cher Comte, repris-je, vous me tendez des piéges ; mais vous en serez la dupe, je vous en avertis. J'accepte la gageure, m'écriai-je, et je m'oblige, qui plus est, à ne m'occuper toutes les matinées , qu'à lire vos livres, et à voir vo tableaux enchanteurs.

Tout fut porté dans ma chambre Je dévorai des yeux, ou, pour mieux dire, je parcourus tour-à-tour , pendant les quatre premiers jours, *l'Histoire du Portier des Chartreux*, celle de *la Tourrière des Carmélites*, l'*Académie des Dames*, *les Lauriers Ecclésiastiques*, *Thémidore*, *Frétillon*, *la Fille de Joie*, *l'Arétin*, etc., et d'autres de cette espèce, que je ne quittai que pour examiner avec avidité des tableaux où les postures les plus lascives étoient rendues avec une expression qui portoit un feu brûlant dans mes veines.

Le cinquième jour, après une heure de lecture, je tombai dans une espèce d'extase. Couchée sur mon lit, les rideaux ouverts de toutes parts, deux tableaux, les Fêtes de Priape, les Amours de Mars et de Vénus, me servoient de perspective. L'imagination échauffée par les attitudes qui y étoient représentées, je me débarrassai de draps et de couverture ; et sans réfléchir si la porte de ma chambre étoit bien fermée, je me mis en devoir d'imiter toutes les postures que je voyois. Chaque figure inspiroit le sentiment que le Peintre y avoit donné. Deux athlètes qui étoient à la partie gauche du tableau des Fêtes de Priape, me transportoient par la conformité du goût de la petite femme au mien. Machinalement, ma main droite se porta où celle de l'homme étoit placée, et j'étois au moment d'y enfoncer mon doigt, lorsque la réflexion me retint. J'aperçus l'illusion, et le souvenir des conditions de notre gageure m'obligea de lâcher prise.

Que j'étois bien éloignée de vous croire spectateur de mes foiblesses, si ce doux penchant de la Nature en est une, et que j'étois folle, grands Dieux, de résister aux plaisirs inexprimables d'une jouissance réelle ! Tels sont les effets du préjugé : ils nous aveuglent, ils sont nos tyrans. D'autres parties de ce premier tableau excitoient tour-à-tour mon admiration et ma pitié ; je jetai les yeux sur le second. Quelle lascivité dans l'attitude de Vénus ! Comme elle je m'étendis mollement ; les cuisses un peu éloignées, les bras voluptueusement ouverts, j'admirois l'attitude du Dieu Mars. Le feu dont ses yeux paroissoient être animés, passoit dans mon cœur. Je me coulois sur mes draps, mes fesses s'agitoient voluptueusement, comme pour porter en avant la couronne destinée au vainqueur.

Quoi ! m'écriai-je, les Divinités mêmes font leur bonheur d'un bien que je refuse ! Ah ! je n'y résiste plus. Parois, Comte, je ne crains plus ton dard ; tu peux percer ton amante, tu peux même choisir où tu voudras frapper, tout m'est égal ; je souffrirai tes coups

avec constance, sans murmurer ; et pour assurer ton triomphe, tiens, voilà mon doigt placé.

Quelle surprise ! quel heureux moment !
vous parûtes tout-à-coup, plus fier, plus bril-
lant que Mars ne l'étoit dans le tableau. Une
légère robe-de-chambre qui vous couvroit fut
arrachée. J'ai eu trop de délicatesse, me dites-
vous, pour profiter du premier avantage que tu
m'as donné : j'étois à ta porte, d'où j'ai tout
vu, tout entendu ; mais je n'ai pas voulu devoir
mon bonheur au gain d'une gageure ingé-
nieuse. Je ne parois, que parce que tu m'as
appelé. Es-tu déterminée ? Oui, cher amant !
m'écriai-je, je suis à toi ; frappe-moi, je ne
crains plus tes coups.

A l'instant, vous tombâtes entre mes bras ;
je saisis, sans hésiter, la flèche qui jusqu'alors
m'avoit paru si redoutable, et je la plaçai moi-
même à l'embouchure qu'elle menaçoit ; vous
l'enfonçâtes, sans que vos coups m'arrachas-
sent le moindre cri ; mon attention, fixée sur
l'idée du plaisir, ne me laissa pas apercevoir le
sentiment de la douleur.

Déjà l'emportement sembloit avoir banni la

philosophie de l'homme maître de lui-même,
lorsque vous me dîtes, avec des sons mal arti-
culés : « Je n'userai pas, Thérèse, de tout le
» droit qui m'est acquis : tu crains de devenir
» mère, je vais te ménager ; le grand plaisir
» s'approche ; porte de nouveau la main sur
» ton vainqueur, dès que je le retirerai, et
» aide-le, par quelques secousses, à.... Il est
» temps, ma fille, je..... de..... plaisir...... »
Ah ! je meurs aussi, m'écriai-je ; je ne me sens
plus, je... me... pâ... me... !

Cependant j'avois saisi le trait, je le serrois
légèrement dans ma main qui lui servoit d'étui,
et dans laquelle il acheva de parcourir l'espace
qui le rapprochoit de la volupté. Nous recom-
mençâmes, et nos plaisirs se sont renouvelés,
depuis dix ans, dans la même forme, sans
trouble, sans enfans, sans inquiétude.

Voilà, je pense, mon cher Bienfaiteur, ce
que vous avez exigé que j'écrivisse des détails
de ma vie. Que de sots, si jamais ce manuscrit
venoit à paroître, se récrieroient contre la lascivité, contre les principes de morale et de
métaphysique qu'il contient ! Je répondrai à ces

sots, à ces machines lourdement organisées, à ces espèces d'automates, accoutumés à penser par l'organe d'autrui, qui ne font telle ou telle chose que parce qu'on leur a dit de les faire ; je leur répondrois, dis-je, que tout ce que j'ai écrit est fondé sur l'expérience et sur le raisonnement, détaché de tout préjugé.

Oui, ignorans, la Nature est une chimère ; tout est l'ouvrage de Dieu. C'est de lui que nous tenons les besoins de manger, de boire et de jouir des plaisirs : pourquoi donc rougir en remplissant ses desseins ? pourquoi craindre de contribuer au bonheur des humains, en leur apprêtant des ragoûts variés, propres à contenter avec sensualité ces divers appétits ? Pourrai-je craindre de déplaire à Dieu ni aux hommes, en annonçant des vérités qui ne peuvent qu'éclaircir sans nuire ? Je vous le répète donc, Censeurs attrabilaires, nous ne pensons pas comme nous voulons. L'âme n'a de volonté, n'est déterminée que par les sensations, que par la manière. La raison nous éclaire ; elle ne nous détermine point. L'amour-propre, le plaisir à espérer, ou le déplaisir à éviter,

sont le mobile de toutes nos déterminations.
Le bonheur dépend de la conformation des
organes, de l'éducation, des sensations ex-
ternes, et les lois humaines sont telles, que
l'homme ne peut être heureux qu'en les observant, qu'en vivant en honnête homme. Il
y a un Dieu; nous devons l'aimer, parce
que c'est un Être souverainement bon et parfait. L'homme sensé, le philosophe doit contribuer au bonheur public par la régularité
de ses mœurs. Il n'y a point de culte. Dieu se
suffit à lui-même : les génuflexions, les gri-
maces, l'imagination des hommes ne peuvent
augmenter sa gloire. Il n'y a de bien et de
mal moral que par rapport aux hommes,
rien par rapport à Dieu. Si le mal physique
nuit aux uns, il est utile aux autres : le
Médecin, le Procureur, le Financier vivent
des maux d'autrui : tout est combiné. Les
lois établies dans chaque région, pour res-
serrer les liens de la société, doivent être res-
pectées ; celui qui les enfreint doit être puni,
parce que, comme l'exemple retient les
hommes mal organisés, mal intentionnés,

il est juste que la punition d'un infractaire contribue à la tranquillité générale. Enfin, les Rois, les Princes, les Magistrats, tous supérieurs par gradation, qui remplissent les devoirs de leur état, doivent être aimés et respectés, parce que chacun d'eux agit pour contribuer au bien de tous.

FIN DU SECOND ET DERNIER VOLUME
DE THÉRÈSE PHILOSOPHE.